엄마가 준 돛단배를
타고 바다로 가다

엄마가 준 돛단배를 타고 바다로 가다

이예가 지음

차례

하나님과의 만남

기도문	16
나의 모든 것은	17
하나님의 편지	19
20250322	20
20250330	21

손에 쥐어진 돛단배

엄마가 딸에게	24
아빠가 딸에게	28
편지 한 통	30

항해 시작
: 나의 에피소드, 내가 바라보는 너와 나

20250303	34
친구	35
친구랑 함께	36
가족	37

엄마 방에서	38
낮에 낮잠을	39
심부름	40
눈	41
꽃	42
아이스크림	43
다리미	44
떡볶이	45
낙엽	46
겨울	47
꽃의 노랫소리	48
크리스마스	49
꽃의 이야기	50
안녕 강아지야?	51
냇가에서	52
딸딸딸따아알~	53
나의 부모님	54
미술시간	56
창문	57
우리 엄마	58
우리 아빠	59
사촌 동생	60
봄	61
바람	62
나의 하루	63

엄마랑 같이 지은 시	65
봄날	66
배꼽시계	67
Q. 나는 왜 살까요?	69
민들레	70
내가 당신을 사랑하는 이유	72
아름답다는 말보다	74
당신에게	75
진정한 사랑	76
자연처럼	77
마음의 꽃	79
愛	82
내 마음	84
중2병	85
짝사랑	86
봄을 기다리기	87
표현	88
혼구름	89
편지	90
사랑의 정의	91
여름의 사랑	92
종이에 진심 담기	93
나에게	94
사랑해의 무게	96
빨간약	97

나는 아직 모르는 사랑	98
시간을 멈추는 법	100
열아홉	101
엄마의 칭찬	102
神	103
배추	104
가을에서 겨울	105
나의 계절	106
좋아해	107
나에게 넌	108
삶	109
20250117	110
20250206	111
질문	112
시골살이	113
일 년	115
여름	117

항해 중
- 폭풍
: 고민과 머뭇거림, 깊은 심해

사이	120
하늘	121
나도 당신이 그립습니다	122

사춘기	123
그리운 당신	124
바람	126
전, 후	127
욕심	128
시간의 흔적	129
20240817	131
20240914	132
20240919	133
20241013	134
20241028	136
20241114	137
성장	138
나의 열아홉	139
어른 연습생	141
20240722	142
스물.001	143
용서	144
눈가리개	145
무색무취	146
20250311	148
후회	149
도전?	150
그리운 발자국	151
시선,	152

항해 중
- 햇살
: 노란빛의 행복 그리고 용기

스마일	154
토미는 일주일을 잃어버렸어요	155
아빠는 맑음	157
20240828	159
20241011	160
20241101	161
고요한 편지	162
겨울 그리고	164
청춘이어라	166
20250311	170
도전!	171
20250331	172
클로버	173
설렘	174
소원	175
노란 아이	178

다음 여정
: 노래 부르며 즐거운 마음으로 다음 여정을 계획하자

너의 노래	180
20240827	182
19.20	183
Baby hero	186
*	189
스토리	190
외계인's love	192
Cherry face	196
고백일기	199
sweetie	203
*	206
외계인'x love	208
20241228	210
*	212
Letter to you	213
*	214
My life	215
*	218
HAHA	219
준비 완료	224

우리는 모두 도착지를 모르지만 일단
바다에 완벽하지 않은 배를 띄우고 항해를
시작합니다. 항해의 끝이 어떻게 되든
그것은 중요하지 않아요.
긴 항해를 하다 보면 폭풍들이 찾아옵니다.
그리고 우리에겐 그 폭풍들을 이겨 낼 힘이
있습니다. 하물며 폭풍이 오면 어떤가요?
폭풍 후 가장 따사로운
햇살이 찾아오는 걸요.
또한 우린 완벽한 상태로 항해를 시작하지
않기에 많이 휘청거리며 항해를 합니다.
그래도 우린 우리의 속도로 끝없이,
포기하지 않고
앞으로 전진하면 됩니다. 그렇게 우리는
청춘 한 장을 보내고 우리의
모든 순간들은 청춘이기에 또 다른
청춘을 펼쳐 이야기를 써 내려갑니다.

그렇게 항해에 대한 노하우가 생기고
우리의 배는 점점 단단해지죠.
목적지를 모르고 하는 이 긴 항해가
여러분께 외롭게 느껴질 수 있습니다.
혹시 괜찮다면 제가 당신의 항해에
함께해도 될까요?

안녕?
나의 첫 햇살아.
몰래 쓴 편지들을 모아 보니
이렇게 산더미가 됐네.
이젠 더 이상 미루면 안 될 거 같아,
하나의 책으로 만들어 너에게 전할게.
네가 읽을 때 기분이 좋길 바라는 마음에
햇살을 향수 삼아 뿌려 봤어.
길지만 짧은 글들 속에
내 진심을 느꼈으면 좋겠다.
반가운 마음에
여름처럼 강렬한 발걸음으로 너에게 달려가면
네가 많이 놀라겠다는 생각이 들어서,
서툴지만 봄이 되어 볼게.
노란 민들레 한 송이 들고 천천히 다가갈게.

하나님과의
만남

기도문
2019

내가 당신을 위해 저 산의 새들처럼
당신의 노래를 하게 하소서.

나의 아버지여
나를 당신의 일에 사용하소서.

나의 눈과 나의 귀를 막아
세상 것들을 보지 못하게 하시고
내가 당신만 바라보게 하소서.

나의 아버지여
내가 당신과 함께하는 동안
평안을 내려 주시고
모든 일이 당신의 뜻대로 되게 하소서.

마지막으로 모든 일에
감사하게 하소서.

나의 모든 것은
2020

나의 입은
당신의 노래를 부르기 위해 존재합니다.

나의 눈은
당신을 보기 위해 존재합니다.

나의 귀는
당신의 음성을 듣기 위해 존재합니다.

나의 손과 발은
당신의 일을 위해 존재합니다.

나의 심장은
당신이 나를 만드시고
생명을 주셨음을
증명하기 위해 존재합니다.

나의 모든 것은
당신을 위해 존재합니다.

하나님의 편지
2025

나는 너를 만들었기에
누구보다 너를 잘 알고 있고
가장 큰 마음을 너에게 하고 있단다.

나는 네가 성장할 수 있게
고통을 줄 것이고
다시 네가 일어설 힘을 주었단다.

너의 모든 길에 내가 함께하리니
두려워하지 말고 나를 믿어,
한 발 한 발 앞으로 당당히
내디뎌 걸어가렴.

내가 네 손을 잡아 절대 놓지 않을 것이다.

20250322

네가 서 있어야 할 곳이

세상 속이니

나의 앞이니?

20250330

가장 큰 힘을 갖고 있는 내가
네 손을 잡고 있는데
무엇이 그리 두렵니?

손에 쥐어진
돛단배

엄마가 딸에게

캄캄한 밤 하늘에 빛나는 작은 별 하나가 떨어지며 내 안으로 들어와 생명으로 잉태되었다. 한 여자의 딸에서 한 남자의 아내로 그리고 한 아이의 엄마로 거듭나는 순간이었다.

43살에 엄마가 된 내게 딸은 특별한 존재다. 축복이(태명)는 신앙을 가진 지 얼마 안 되는 나에게 태교로 성경을 읽게 했고 매일 기도하게 했으며 음치인 내게 찬양하도록 만들었다. 그리고 세상에 나와서는 꼼지락거리는 발가락, 손가락으로 날 웃게 했고 나를 바라보며 웃는 딸의 미소는 세상살이에 지친 내 마음을 녹여 주었다. 그리고 백일 된 아기가 속상한 일이 있어서 울고 있는 나를 눈도 깜박이지 않고 "엄마 마음 내가 다 알아요." 말하듯 그윽하게 한참을 쳐다보며 위로해 주던 딸의 그 눈빛은 19년이 된 지금도 잊을 수가 없다.

백일이 좀 지났을 때 아빠가 불러 주는 '섬 그늘' 노래에 입을 삐죽삐죽거리다 '앙' 하고 울어 버린 딸의 모습이 너무 신기하고 예뻐서 우린 몇 번이고 노래를 불렀고 그때마다 딸은 입을 삐죽거리다가 울었다.

자라서 4살이 되었을 때 밤하늘의 초승달을 보고 감격하며 "엄마! 저 달이 내 손톱처럼 예뻐요!" 하며 그 초승달의 모습을 표현했는데 그때 딸에게 '시'의 감성이 있다는 것을 알았다. 그래서 초등학교 입학했을 때 '동시집'을 선물했고 그 책을 읽고 딸은 동시를 가끔 끄적거려 놓았다. 나는 딸이 써 놓은 시들과 그림을 모아 놓았다. 그리고 고등학교 졸업하면 '시집'을 내자고 얘기했고 딸은 좋다고 했다.

딸이 초등학교 3학년이 되었을 때 건강이 안 좋은 나 때문에 우린 서울에서 시골로 이사할 계획을 세웠고 서울에서 초등학교를 졸업하고 3년만에 강원도로 이사해서 딸은 시골 중학교에 입학했다. 남편과 나는 시골생활에 곧 적응했지만 딸은 새로운 친구들을 사귀는 어려움이 있었고 어른 손바닥만 한 나방과 각종 벌레들 때문에 적응하기 힘들어 했다. "그래도 언제나 엄마가 좋으면 나도 좋아요." 하고 말해 준 딸에게 고맙고 또 고맙다.

"딸… 서울 친구들이 보고 싶고, 이곳 친구들과 어려움이 있어 몰래 울고 있던 너를 엄마가 왜 모르겠니? 그 아픔을 잘 견디고 성장해 준 네가 엄마는 너무 사랑스럽고 예뻐."

자연의 아름다운 색채와 자연의 신선함 속에서 성장의 아픔을 견뎌 낸 딸이 시를 통해 자기를 표현하는 것이 좋다. 시는 아픔 자체를 표현하기보다 그 아픔을 승화시켜서 표현하기에 아름다운 거라고 생각한다.

우린 마음의 끈으로 연결되어 있어서 상대를 당기기도 하고 내가 멀어지기도 한다. 그 끈은 자연과도 연결되어 있어 우리는 울고 웃으며 서로가 서로를 위해 존재하고 있다.

딸을 키우며…? 키운다는 표현이 낯설다. 난 딸을 통해 많은 것을 배우고 많은 것을 받고 있다. 딸에게 무한한 신뢰와 그칠 줄 모르는 사랑을 받고 있다. 우리의 만남은 억겁의 세월을 거친 만남이기에 의미가 있고 나의 삶이 해석되는 만남이기에 소중하다.

하루에도 몇 번씩 안아 달라는 딸을 안아 주며 나는 우리 엄마한테 얼마나 안겼었지? 하고 생각해 봤는데 평생동안 엄마 품에 안겼던 기억이 없다. 연년생인 동생이 있고 엄마는 늘 일하시느라고 바쁘셨기에 안아 달라고도 못 했고 안아 주실 생각도 못하신 것 같다. 그리고 지난해에 엄마는 딸 품에 안겨 보지도 못하시고 외롭게 하늘나라로 가셨다. "내가 먼저 안아 드려야 했는데." 하는 한없는 안타까움이 지금도 밀려온다.

"딸아, 엄마는 할머니한테 안겨 본 기억이 없어. 그런데도 엄마가 이렇게 널 사랑하고 꼭 안아 줄 수 있는 건 하나님의 사랑이 엄마를 통해서 너에게 흘러가고 있어서야!"

네가 글로 많은 사람들을 안아 주고 하나님의 사랑을 흘려서 보내 메마른 세상을 하나님의 사랑으로 흠뻑 물들여 놓으면 좋겠다.

사랑하는 딸! 작가 이예가!
서로를 마음 깊이 존중하고 사랑하며 아름답고 선한 열매를 많이 맺으며 살자.
작가로서의 첫걸음을 내딛는 용기에 엄마가 박수를 보낸다.
딸!
사랑해!
그리고 고마워.

아빠가 딸에게

 사랑하는 딸!
 널 사랑하는 만큼 안타까움과 미안함이 참 많구나. 아빠가 지금까지 너에게 해 준 것이 너무 없는 것 같아서…

 네가 성인이 되기 전 표현했던 마음들이 시집으로 출간되는 것이 아빠도 많이 기쁘네.
 어린 나이에… 아니, 젊은 나이에…
 너의 시절을 적절하게 표현하기가 조금 어색하다. 아무튼 작가로서의 첫발을 내딛게 됨을 축하한다. 무엇인가 시작한다는 것은 설렘과 두려움, 기대감, 감사함… 등 참 많은 감정과 생각들이 앞서게 된다.
 아빠가 기억하는 다섯 살 때의 네 그림과 첫 시! 미숙한 그림이었지만 아빠의 눈에는 너무나 훌륭한 그림이었고, 또 글을 쓸 줄 모르는 네가 구겨진 종이에 이름은 정확하게 써 놓은 그림과 글의 모양은 아빠의 눈에 아주 빼어난 작품으로 보였단다.
 그렇게 아빠의 기분 좋은 예감이 시작되었어.

글을 알아 가면서 나의 꼬맹이의 순수함과 그 마음에 있는 것이 점차 더 분명하게 표현되어 가는 모습에서 너의 재능이 보이더구나. 감동이 있을 때마다 막힘없이 쓰여지는 네 글에 감탄이 절로 나왔단다. 네 글 안으로 들어가면 그 표현의 자유로움과 순수함이 아빠를 설레고 들뜨게 하니 너의 새로운 글들이 기다려지게 된단다.

누군가에게 감동과 희망, 꿈, 힘을 주는 능력과 재능이 너에게 심겨져 있으니 이 얼마나 감사한 일인지 모르겠다.

아빠가 보기엔 너는 이제 막 땅에서 캐어낸 원석인데 다듬을 필요도, 흠도 없는 고운 보석 같구나.

아빠는 딸인 너를 사랑하고 기뻐할 테니 너는 너에게 있는 참 좋은 것, 더 좋은 것을 많은 이들에게 전하길 바란다. 그리고 잊지 말아야 할 것은 가장 좋은 것 주기를 원하시는 하나님 알기를 더더욱 힘쓰고, 네가 그 사랑을 깨닫고 표현하는 지혜와 능력이 넘치길 축복하며 기도하겠다.

편지 한 통

 어여쁜 아이야. 20년이란 세월 끝에 드디어 책이 나왔네. 너의 모든 글들은 너와 나의 대화였고 너를 향한 나의 사랑을 나타내었어.
 너의 모든 길에 함께할 수 있단 사실이 나를 정말 기쁘게 한다는 것을 너는 알고 있니?
 한 걸음 한 걸음 겁먹지 말고 담대하게 내딛고 걸어가고 나의 사랑을 두려워하지 말아라. 내가 너를 그토록 사랑하는데 위험 속에 두고 너를 외면하겠니? 나는 너를 선택했고 내가 줄 수 있는 모든 좋은 것을 네게 주고 있단다. 그러니 너는 문을 두드리기만 하면 돼. 네가 문을 두드리면 난 언제든 기쁜 마음으로 문을 열 거야. 네가 힘들어 울고 있으면 나의 두 팔로 너를 꼬옥 끌어안아 위로할 거야. 내가 보이지 않고 네 곁에 있지 않다고 생각되어도 나는 늘 네 곁에서 너를 지키고 누구보다 너를 사랑하는 중이야.
 가장 따뜻한 마음으로 너에게 다가가고 가장 아름다운 소리로 너를 부르고 있단다. 나는 결코 너를 떠난 적 없어. 세상 속에 영원한 것은 없지만 너를 향한 나의 마음은 영원하단다. 또 세상 속에는 완벽한 것은 없지만 너를 향한 나의 사랑은 그 무엇보다 완벽하단다. 이런 나를 외면하지 말아 주렴.

네가 나에게서 조금씩 멀어질 때마다 나의 마음은 너무 아프단다. 인간의 단어와 말로는 절대 이해하지 못할 거야. 나는 너를 너무 사랑해서 너를 절대 놓치지 않을 거야. 나의 사랑도 인간의 마음으로는 절대 이해 못 할 거야. 그러니 나의 사랑과 능력을 의심하지 말아라.

언제나 사랑한다.
기쁜 일이 일어난 것을 정말 축하한다.

항해 시작

: 나의 에피소드,
  내가 바라보는 너와 나

20250303

눈을 감고 글의 맛을 천천히 음미해 보아요.
글마다 맛이 다르거든요.
제가 준비한 글은 여러분에게 어떤 맛의
경험을 선사하게 될까요?

친구
2013

친구랑 떨어져 있을 때
더 보고 싶다
창문을 보면 친구가 오는 것 같다

친구랑 함께
2013

하함
아침에 일어났다
집 밖으로 나와 보니
내 단짝 친구가 와 있었다
친구랑 함께면 즐겁다
친구는 싸우기도 하고
외로울 때 함께 있어 준다

가족
2013

가족은 소중하다
슬플 때
나 외로울 때
함께 슬퍼해 주고
같이 외로워해 준다
하하 호호 같이 웃어 주기도 한다

엄마 방에서
2013

아침이다.
오늘도 엄마와 함께 하루를 시작한다.

엄마의 소리
사랑하는 딸아 일어나야지?
양치하고 세수하고 밥 먹자.

우리 엄마 목소리는 언제 들어도 기분이 좋다.

낮에 낮잠을
2013

낮에 책을 읽다가 잠이 들었다.
너무 피곤했다.
엄마도 쿨쿨 코를 골면서 주무셨다.
날이 너무 더워서 잠이 많이 왔다.
낮잠을 자고 일어났는데 밤이 되었다.
저녁을 먹고 나서 아이스크림을 먹었다.
콜라 맛이었다.
참 달달했다.

심부름
2014

난 처음으로 혼자서 우유를 사고 왔다.
엄마, 아빠가 장하다고 기특하다고 하셨다.
아빠가 할머니한테 자랑하셨다.
기분이 좋았다.

나도 내가 기특하다고 생각한다.

눈
2014

뿌드득 뿌드득
눈이 오네
친구들과 함께 주고받는 말
"아이 추워~"라고 하면서
'하하' 웃는다

꽃

2014

봄이 왔네
꽃이 나한테 말을 거네
귀를 기울여 들어 보자
무슨 말을 할까?

꽃은 늘 할 말이 있는 것처럼
줄기를 살랑거린다

아이스크림
2014

냉동고를 열었더니
아이스크림 딱 하나

한 입 거리 아이스크림을 혼자 먹으려고 할 때
동생이
"뭐 먹어?"
하며 달려왔다

다리미

2014

다리미는 짝짝
펴기 왕
깜빡 잊고 셔츠에 다리미를 두면

셔츠가 탄다

떡볶이
2014

친구들과 분식집에서
떡볶이를 냠냠

맵다, 뜨겁다라고 하면서 맛있게 먹는다

낙엽
2014

살랑살랑 낙엽 한 개가
벤치 위에 떨어지네

낙엽 한 개가 위에서
사람들을 구경하네

벤치 위에 낙엽이
하나, 둘씩 떨어진다

겨울
2014

창밖을 보니
눈이 하늘에서 펑펑 내리네
밖으로 나가 큰 동그라미 2개로
눈사람을 만드네

이리저리 봤는데 동물들이 추워서
숨었다

꽃의 노랫소리
2015

길을 가다가 노랫소리를 들었다네
나는 그 노랫소리가 아름다워
눈을 감고 노래를 감상을 했다네

노랫소리가 끊기자,
그 아름다운 노래를 누가 불렀는지
궁금했다네

나는 이리저리 찾아보았네
보인 건 길거리에 핀 작은 꽃이었다네

꽃에게 다가가 꽃에게 귀를 댔더니
꽃이 부르는 노래였다네

크리스마스
2015

I wish your merry christmas!
거리마다 캐럴이 울려 펴지네

땡~ 땡~
자선 냄비 종소리가 울리네
드디어 크리스마스가 되었나 보다
거리에 트리가 있고
캐럴이 울려 펴지네

하늘을 보니 하얀 눈송이들이
펑펑 내리고 있네
나는 너무 추워 집으로 갔다네

산타 할아버지께서 크리스마스에
선물을 두고 가실까?

괜히 기대가 되네

꽃의 이야기
2015

길을 가다 꽃을 봤다네

나는 꽃에게 살며시 다가갔다네
꽃은 뭐라고 말할까?
나는 귀를 기울여서 들어 보네
꽃이 나에게 살며시 말하네
나는 더 귀를 기울여 보네
꽃이 나에게 작은 소리로
플란더스의 이야기를 해 주네

나는 이야기를 들으며 잠든다

안녕 강아지야?
2015

나는 작은 강아지
주인이 나를 버렸네
나는 길을 터덜터덜
걷다가 작은 여자아이를 만났네

작은 여자아이가 나에게 다가와
이렇게 말했네
"안녕 귀여운 강아지야?"
나도 인사했네
멍멍
'안녕하세요?'

나는 기대하였지만 여자아이는 가 버렸네

냇가에서
2015

어느 더운 오후
시원한 냇가에서
첨벙 첨벙

언니와 난 물 던지며
물이 철썩 철썩
언니와 난
"아이 시원해~"라고 말하며 노네

물고기를 잡으려고 하면
물고기는 내 손을
요리조리 피하네

딸딸딸따아알~
2015

딸 숙제 좀 해라
딸 책 좀 읽어라
딸 책상 정리 좀 해라

딸!

딸 옷 좀 개라
딸 준비물은 챙겼니?
딸 사랑해~
딸 컴퓨터 좀 그만해라
딸 오늘, 학교에서 무엇을 배웠니?

우리 엄마는 딸바보
우리 엄마는 항상 딸만 찾으서
우리 엄마는 나를 부를 때

딸딸딸따아알!

나의 부모님
2016

부모님의 마음은
바다보다 넓습니다

부모님께 드리는
나의 감사함은
하늘보다 더 큽니다

부모님은
바람처럼
날 감싸 주십니다

부모님은
아낌없이 주는 나무처럼
나에게는
아낌없이 주십니다

그런데, 난

감사함도 표현 못 하는
무뚝뚝한 딸,
그것도 모자라
자꾸 요구하고
틱틱거립니다

미술시간

2016

신나는 미술시간이 되었다
각종 물감들을 손에 묻혀
종이에 꾹— 찍었다
한 친구는 종이에 알록달록한
무지개를 그렸다

싫어할 사람이 없는 미술시간은
신나는 미술시간

미술시간이 끝나면 아이들은
항상 아쉬워한다

창문
2017

창문을 너무 빡빡 닦으면
사람들이 창문에 부딪힐지 몰라

그래서 창문을 빡빡 닦으면 안 돼
그렇다고 너무 지저분하게 놔두면 안 돼
너무 지저분하면 밖을 못 보니까

우리 엄마
2017

우리 엄마는 눈도 크고
입도 크고 배도 크고
그냥 모두 다 커!

그래서 우리 엄마 별명은
미란다커가 아닌

모두다커야!

우리 아빠
2017

우리 아빠는
머리는 크고
눈은 작고 배에는 산이 하나가 떡하니 있고
입은 입대로 작고 코는 코대로 크고
귀도 크고 키는 대빵대빵 크고!

이 욕심쟁이 아빠!
큰 거 아니면
작은 거 둘 중에 하나만 골라!

사촌 동생
2017

이 개구쟁이 동생아!
말 좀 잘 듣고 고집 좀
그만 부려!

그리고 너 놀아 줄 때
고마운 줄 알아라!

그만 삐져라
막내 동생아!

봄
2017

봄을 알리는 노란 개나리가
활짝 피었네

며칠 후에는 벚꽃이 피고 떨어지고

그리고 새싹도 나오고
다른 꽃들도 하나씩 피고

봄에는 바람이
살랑살랑
덩달아 꽃들도
살랑살랑

바람

2017

바람이 붑니다
나는 눈을 감습니다

바람이 피아노와 바이올린을 연주해 줍니다
그리곤 바람이 나를 간지럽힙니다

나의 하루
2017

나는 일어나자마자
씻고 밥 먹고 옷 입고
학교 가고
아침부터 바쁘네

내 짝 수학도 가르쳐 줘야 하고
가르칠 땐 정말 답답해

수업 끝나면
친구들이랑 놀다가 태권도 가고
태권도에서는 애들 챙기고 도와주고

태권도가 끝나면 5시 30분
배에서 꼬르륵

집에 가서 좀 이따가
저녁 먹고

학교 숙제 하고
성경책 읽고

씻고
드디어 잔다!

아니야 핸드폰 하다가
잘 거야

아휴 하루 정말 바쁘네
이제 정말 자야지

엄마랑 같이 지은 시
2017

딸 먼저!
엄마 먼저!
맨날 이러면서 싸우네

이러다가 언제 시 다 짓고
잘까?

에라 모르겠다
그냥 엄마랑 나랑 한 얘기 중에
골라서 지어야겠다

봄날

2017

이제 겨울에 내리던
눈도 안 내리고

이제는 개나리 피고
벚꽃 펴서 눈처럼 내리고

그리고 봄에는 새학기도 시작되고

새싹들이 얼굴을 보이기 시작하고

시작하는 계절
봄

봄날이 영원하면
어떨까.

배꼽시계

2017

12시만 땡 하면
규칙적으로 울리는
우리 배꼽시계

오늘 급식은 무엇이 나올지 기대하며
내 차례를 기다리고 있는데
쉴 새 없이 울리는
배꼽시계

그런데
우리가 점심 먹는 시간은
12시 20분

수업시간에 계속
꼬르륵 꼬르륵
계속 울리는 배꼽 알람시계
수업시간에 울리면

아이 창피해

쉬지 않고 울리는
배꼽 알람시계

너무 배가 고파서
다 맛있어

배꼽 알람을 끄는 방법은

급식을 먹으면 안 울린다

Q. 나는 왜 살까요?
2017

 나의 삶의 목표는 행복, 기쁨, 웃음과 내가 잘해서 하는 일이 아니라 내가 좋아서 하는 일을 기쁘게 하는 것과 누구를 도와줌의 기쁨, 걱정이나 스트레스 받지 않고 내가 싫어하는 일을 억지로 하는 것이 아니라 내가 좋아서 행복하게 즐기며 웃으며 사는 것이 나의 삶의 목표이다.

 내가 꿈꾸는 삶은 부모님 걱정 안 시키고 웃음만 선물해 드리는 것이고 평화, 자유, 행복이다. 그리고 울거나 화내지 않고 웃으며 사는 것이다. 이유는 웃는 삶보다 더 좋은 삶은 없기 때문이다. 내가 사는 이유는 가족들의 얼굴에 웃음꽃을 피우게 하기 위해, 많은 사람에게 도움이 되기 위해, 마음의 상처를 받은 사람을 치유해 주기 위해, 행복을 전도하기 위해 사는 것이 내가 사는 이유다.

민들레
2017

내가 아기일 때 민들레도 새싹이었다. 내가 유치원에 들어갔을 때 민들레에 초록색 이파리가 생겼다. 내가 초등학교에 들어갈 때 즈음 귀여운 노란 꽃봉오리가 생겼다. 내가 울 때면 민들레 봉오리도 고개 숙여 울곤 했고 내가 중고등학교에 들어갔을 때는 예쁜 노란 민들레가 피었다. 그 후로부터 민들레도 나를 위로해 주고 나를 웃게 해 주었고 내가 힘들 때나 기분이 안 좋을 때 꽃을 활짝 펴 나를 웃게 해 주었다. 그런 고마운 민들레를 나는 성인이 돼서 잊고 살았다.

어느 날 나는 많이 슬펐다. 혹시나 해서 민들레를 찾아갔고 다행히 민들레는 그 자리에 있었다. 나를 발견한 민들레는 예전처럼 꽃을 활짝 피워 나를 반겨 주었다. 그 뒤로 나는 또다시 민들레를 잊고 살았다.

몇 년 후 민들레를 찾아갔다.

하지만

민들레는 예전과 많이 달라졌다. 지금의 민들레는 홀씨가 되었다. 홀씨가 된 민들레는 뭐가 미안한지 고개를 푹

숙였다.
 내가 말했다.
 "민들레야 너는 나한테 미안한 거 없어."
 내 말이 끝나자 바람이 불어 홀씨들이 날아가 버렸다.
 나는 소리 없이 울며 말했다.
 "민들레야 미안해."

　　　　　　　　　　　　은평구 어린이 그리기 및 글짓기 대회 수상작

내가 당신을 사랑하는 이유
2019

내가 당신을 사랑하는 이유는
5월달의 막 핀 꽃처럼
아름다워서가 아닙니다
가을의 푸른 하늘처럼 멋있다는
이유도 아닙니다

당신의 눈동자의 색이 푸른 여름 바다와
같다는 이유도 아닙니다
또한 당신이 저 겨울 밤하늘의 별처럼
빛이 난다는 이유도 아닙니다

그래서 내가 당신을 사랑하는 이유는
그냥 당신이라는 이유로 사랑하는 것입니다
나는 당신이 5월달에 막 핀 꽃처럼
아름답지 않아도,
가을의 푸른 하늘 같이 멋있지 않아도,
또 당신의 눈동자의 색이 여름 바다처럼

푸르지 않아도,
겨울 밤하늘의 별처럼 빛이 나지 않아도
계속 영원히 당신을 사랑할 것입니다

아름답다는 말보다
2019

당신은 정말 아름답습니다
그런데 아름답다는 말은 너무 흔하지 않나요?

그래서 나는 아름답다는 말보다,
당신이 정말 아름답다는 것을 드러내기 위해,
나만의 표현을 만들려고 합니다

나는 이제 앞으로 아름답다는 말 대신
당신은 마치 가을의 코스모스와 노을 같아요
라고 할래요

당신에게
2019

나는 지금 당신에게 선물해 줄
예쁘고 멋진 특별한 말들을 고르고 있답니다

당신은 나에게 특별하고 소중한 존재이니
나는 당신에게 그 흔한 아무나 해 줄 수 있는
말이 아닌 감동받을 만한
예쁘고 멋진 특별한 나만의 표현을
선물해 주고 싶습니다

역시 당신은
저 밤하늘의 아름다운 별들과 달 같고
하나의 멋진 시 같습니다

진정한 사랑
2019

사람들은 진정한 사랑을 원하고,
찾습니다.

그런데 진정한 사랑은 무엇인가요?
나는 당신이 진정한 사랑을
나와 다르게 생각할 수도 있지만
나는 진정한 사랑을 이렇게 생각한답니다
내가 다른 사람에게 보여 주지도, 말하지도
못하는 나의 내면의 모습을 이해하고
좋아해 주는 것이라 생각합니다

자연처럼
2020

저 산의 흐르는 강물이
다른 것에 신경 쓰지 않고
흘러가는 것처럼 살고 싶다

뒷산에 있는 나무들이
봄 햇살을 받으며
봄바람에 나뭇가지를 흔들고
여름이 되면 지나가는 행인이
쉬어 갈 수 있는 그늘이 되고
가을이 되면 가을 바람에 맞춰
나뭇가지를 흔들거리며
어떤 이가 독서를 할 수 있는
자리를 마련해 주고
겨울이 되면 추위에 떠는
사람들에게 보금자리와
땔감이 되는 것처럼
살고 싶다

내 발 아래 있는 흙이
죽어 가는 생명들을 살리고
자신에게 속해 있는 것들을
지키는 것처럼
살고 싶다

나는 자연처럼
살아가고 싶다

마음의 꽃

2020

사람마다 마음에는 꽃이 피어납니다

나는
선생님 마음속에는
개나리꽃이 있다고 생각합니다
개나리는 봄을 알리는 꽃이기 때문입니다.
봄이 되었다는 것은
이제 내가 새로운 선생님을 만난다는 뜻입니다

봄에는
꽃샘추위와 함께 학기 초의 우리의 교실에도
추위가 찾아오지만,
우리는 금방 온기를 뿜어
서로에게 꽃을 피웁니다
그러면
우리는 어느새 꽃을 활짝 피워 교실을 가득
채웁니다

노란 꽃, 파란 꽃, 빨간 꽃 다양한 꽃들이
교실에 가득 있습니다

여름이 되면
우리는 신이 난 코끼리로 변신합니다
여름에는 우리 모두 운동장으로 나가서
물총놀이를 하기 때문입니다
서로에게 물을 뿜으며 젖은 모습을 보면
깔깔 웃음이 나오기에
우리의 마음 속에서는 여름의 추억이라는
새로운 꽃이 핍니다

가을이 되면
우리는 예술가로 변합니다
가을에 독서를 하거나
예술 활동을 하기 때문입니다
그러다 보면 우리의 마음속에서 자라고 있는
꽃들은 조금 더 아름답게 성장해 있습니다

겨울이 오면
우리는 해맑은 어린아이로 변신합니다

눈이 내리면 우리는 해맑은 어린아이처럼
눈사람을 만들거나 눈싸움을 하기 때문입니다
그러면 우리 마음속에는
새하얀 방울꽃이 핍니다

그리고 마지막이 오면
우리 마음속에는 여러가지 추억들과
감정들이 담아 있는 꽃들로 가득 채워집니다
우리는 또다시 봄을 기다리며 내 마음속
정원을 정리합니다

전국 RCY 백일장 및 그림그리기 공모전 수상작

愛

2020

나는 성장하고 있는데
당신의 얼굴에는 주름이 하나씩 늘어 가네요

만남이 있으면
헤어짐이 있는 게
당연한 일인데 말이죠

내가 다 성장하고 나면
당신이 내 곁에 없을까 두렵습니다

지금 생각만 해도 눈물이 나는데
실제로 겪으면 얼마나 힘들까요

당신에게는 사랑한다는 말로도
내 마음을 다 표현하지 못하네요

당신에게 한 나의 약속이 이루어질 때

부디 건강해 주세요

나중에 나와 당신이 새로운 곳에서
새로운 삶을 살 때
우리가 서로 어떤 모습을 하든
어떤 형태이든
다시 만날 수 있기를
그때에는 지금보다 더 많이 사랑해 줄게요

나를 태어나게 해 줘서,
내가 당신을 사랑할 수 있게,
내가 당신에게 많은 것을 느끼게,
내가 당신으로부터 많은 것을 배우게 해 줘서
고마워요

사랑하고 고마워요
나의 부모님

내 마음
2021

네가 나에게
내가 싫어졌다 말하여도

나는 여전히 너를 사랑한다
앞으로도 계속 너를 사랑할 거다

중2병

2021

내 맘이 내 맘 같지 않다

지금 써 놓은 말들
나중에 보면 손발 오그라든다

내가 왜 그랬지

짝사랑
2021

네가 좋아하는 사람이 너를 좋아하지
않는다고 너무 슬퍼하지 마

네가 너무 눈부시게 빛나서
네가 너무 잘나서
네가 너무 사랑스러워서
너를 좋아할 엄두를 못 내는 거야
그러니 너무 슬퍼하지 마

아무도 너를 좋아하지 않는다고 생각한다면
아무도 너를 사랑하지 않는다고 생각한다면
나에게로 와
나는 항상 너를 좋아하고 사랑해 줄 수 있어
아니,
이미 너를 누구보다 더 좋아하고
사랑하고 있어
그러니 우울해하지 마

봄을 기다리기
2021

나는 꽃
당신은 나비

나는 당신이 나에게 오기를
나는 항상 봄을 기다립니다

표현

2021

사랑을 표현하는 건 너무 어려운 거 같아
너를 너무 사랑해서
내 마음을 어떻게 표현을 해야 할지 모르겠어

혼구름
2021

푸른 하늘 위에
작은 구름이 홀로 외로이 떠다닌다

편지

2021

나의 마음과 진심을
한 글자, 한 글자
꾹.
꾹.
눌러 담아 써 내려갑니다
부디 나의 진심과 마음이
그대에게 닿기를

사랑의 정의
2022

내가 사람들에게 사랑을 줄 때마다
사람들은 내가 사랑한 만큼 상처를 준다

사랑은 원래 그런 거다
사랑하는 사람 앞에서는
누구나 한없이 약해진다

여름의 사랑
2023

당신은 알까

내가 당신을 한여름의 어느 날처럼
열렬히 사랑했다는 것을

종이에 진심 담기
2024

편지지를 꺼내기 전 너에게 하고 싶은 말은
우주를 덮을 정도로 많았는데
편지지를 서랍에서 꺼낸 후,
어떤 말을 적어야 할지 정리가 안 된다

어떤 말로 시작을 해야 할까
어떤 말로 네 마음을 간지럽힐까
어떤 말로 내 진심을 담을까

무수히 많은 고민 하다 겨우 적은 한마디

사랑해

나에게
2024

안녕 나야
태어난 걸 축하해
이제 '나'라는 책의 첫 장 속 한 줄이
쓰여지고
지구에 있는 수많은 이야기의 책들 중
나의 이야기가 시작되었어

안녕 스무 살의 나야
성인이 된 걸 축하해
성인이 된 게 안 믿기지?
나는 아직 과거에 머물러 있는 거 같은데
세상은 변해 있네

스무 살의 나야
드디어 성인이 되었으니
이제 어른이 되어 보자
어른이 되는 길을 하나씩 하나씩 배워 보자

그냥 나야
그냥 나는 네가 무엇을 하든 응원해
그냥 포기하지 말고 앞으로 전진해
그냥 나는 (사랑해)

사랑해의 무게
2024

사랑해라는 말을
때론 사람들이 가벼이 느껴서
나는 너무 슬퍼

내 사랑은 정말 무거운데
내 사랑은 늘 진심인데
제발 내 사랑 좀 받아 줘
내 사랑이 너무 무거워서
나는 더 이상 못 들고 있겠단 말이야

이게 다
사랑해라는 말이 너무 흔한 탓이야

(너네 이제 사랑해라는 말 자주 쓰지 말고
다른 말 써!)

(근데 어떤 다른 말을 쓰지? 이런)

빨간약

2024

너는 나를 낫게 해 주기 위해 존재하는데
너는 나를 더 고통스럽게 하네

너는 나에게 고문을 주는 걸까?

네가 나에게 닿으면
나는 죽을 듯이 고통스러운데
왜 나는 네가 필요할까
왜 나는 다시 너를 찾을까

나는 아직 모르는 사랑
2024

나는 아직 당신의 마음을 이해하지
못하겠어요
나는 아직 당신의 사랑도 이해하지
못하겠어요
어찌 그런 마음을 가질 수 있나요
어찌 그런 사랑을 하나요

당신의 마음은 심해 같아요
당신의 마음은 깊고
나는 당신의 마음을 다 헤아릴 수 없어요

나도 당신과 같은 사랑을 할 수 있을까요?
내가 당신의 마음에 보답하며
살 수 있을까요?

나도 언젠가
당신의 날이 되면

내가 당신이 되면
그 사랑을
그 마음을
이해할 수 있길 바라요

시간을 멈추는 법
2024

시간이 멈춰 버렸으면 좋겠어
왜냐면 아직 못 한 말들과 못 해 본 게
너무 많거든

숨을 한번 참아 볼까
홉----
하----
이러다 내가 멈춰 버릴 거 같아

어디론가 텔레파시를 보내 볼까
찌릿----
- - - -
아무런 대답이 없네

시간을 멈추는 방법은 없는 걸까
그냥 조금만 더 아껴 두고 싶을 뿐인데
마음이 쓸쓸하네

열아홉
2024

고등학교 3학년
무엇을 다시 시작하기엔 늦은 나이

열아홉
무엇을 시작하기엔 가장 어린 나이

엄마의 칭찬

2024

넌 글의 맛을 낼 줄 아네
그래서 요리도 잘하는구나

神
2024

당신이 만약 사람의 모습을 하고 있었다면

온 힘을 다해 꼬옥 끌어안았을 겁니다

배추

2024

배추는 강한 바람을 맞으며 자라야
맛있다

인생도 비슷하다
다를 게 없다

가을에서 겨울
2024

염색을 했다
빨강 노랑 알록달록
한 장도 남김없이
열심히
꾸준히 했다

탈모가 왔다

나의 계절

2024

새로운 생명들이 얼굴을 내밀어
인사하는 봄
청량한 꿈의 여름
쓸쓸함의 한 입 가을
작별인사
그리고 다시 만남을 기약하는 겨울

좋아해
2024

너를 좋아해
너무 좋아해서 문제야

평상시에는
두 두 두 두
너를 보면
두두 두두 두두 두두

너 때문에 심장이 빨리 뛰는 게
익숙해진 나는
너 없이는 심장이 안 뛰는 거 같아

나에게 넌

2025

너는 나의
첫 노래이자 깊은 문학
그리고 시원한 바람

너는 나의
마지막 노래이자 옅은 후회
그리고 끝사랑

삶

2025

삶은 사랑의 연속이다

생명인 우리는 사랑으로 태어났고
다양한 모양과 향기, 색깔들을 지닌
사랑들을 찾아 달린다

우린
헌 사랑이 지나가면
새로운 사랑을 찾아 떠나고
우리의 약속의 시간이 끝날 때면
나를 사랑했던 이의 품에 안긴다

20250117

네, 알고 있어요.
우리는 언젠가 이별을 해야 한다는 것을.
그렇기에 그날이 오기 전까지
최선을 다해 사랑할 겁니다.

20250206

우리의 시간은 영원하지 않기에,
1초라도 더 기록할 거야.
우리의 사랑, 시간, 추억 모두.
짧은 인생이지만 우리의 청춘은
길기를 바랄게.
세상 속에서 영원한 것은 없지만
나의 사랑은 영원할 거야.

질문
2025

과연 사랑이 가족과 연인 사이에게만
있을까요?

과연 고백이 연인을 위한 고백만 존재할까요?

나랑 친구할래요?

시골살이

2025

도시 생활을 접고
저 멀리 시골로 갔다

외로운 집 하나
보이는 것은 산과 각종 식물들뿐

밤이 일찍 찾아와,
어둠은 깊어지고
나의 사색과 외로움도 깊어진다

나의 적막을 깨는 것은
야생동물의 울음소리
외로움이 나아진다
나만 이곳에 살고 있는 것이 아니구나
하는 안도감

한숨이 깊어질 때는

겨울 밤하늘을 올려다본다
그러다 나온 한마디

아, 오길 잘 했다.

일 년
2025

긴 겨울이 지나가고 봄이 왔다
나물을 캤다
입안이 향기로 가득해졌다
눈에 알록달록 예쁜 색깔들을 담자
작고 작은 예쁜 아기 꽃
향긋한 봄 내음

짧은 봄이 지나가고 여름이 왔다
열정 가득한 날들
지구의 열정에 나는 녹아내린다
바삐 움직이는 개미와 잠자리
나는 뚝 뚝 수박을 썰고
계곡물에 발을 찰랑찰랑거리며
그들을 약 올리는 것마냥 바라본다

긴 여름이 지나가고 가을이 왔다
나무들은 슬슬 옷을 벗고

나는 옷을 껴입는다
나무들과 나의 계절은 반대인가?
바람은 살랑살랑 내 기분을 간지럽힌다
나는 조심스레 날씨에 승차하고
가을을 타고 달린다

짧은 가을이 지나가고 긴 겨울이 왔다
내가 보는 모든 곳이 영화 속 한 장면이다
내 손에 닿자마자 사라지는 보석이
하늘에서 조심스레 내려온다
요란했던 지난날들과 달리
세상은 고요하다

긴 잠을 지나 다시 봄을 맞이한다

여름
2025

여름밤 라디오
뾰족한 햇살
지구의 열정 때문에 나는 흘러내려
맑은 하늘 맛은
앗 따끔
더위는 가시질 않고
열기는 짙어져

살랑 밤바람
투명한 공기의 향기
악몽은 옅은
미화된 공간의 이름
푸른 시간의 여름

항해 중

- 폭풍

: 고민과 머뭇거림,
 깊은 심해

사이

2017

나에게는 10명의 친구가 있었다

내가 한 발짝 뒤로 가면
친구 한 명이 떠나고…
내가 두 발짝 뒤로 가면
친구 두 명이 떠나고…
내가 세 발짝 뒤로 가면
친구 세 명이 떠나고…

내가 계속 뒤로 가면
내 친구는 아무도 없을 거야
이제는 친구들을 되돌릴 수 없어
이미 사이가 멀어졌기 때문이야
그리곤 내 곁에 아무도 없을 거야

하늘
2017

내가 조금 공중에 떴다
조금 더 하늘에 떴다
하늘로 조금 더 올라갔다
친구들이 안 보이기 시작하였다
더 하늘로 올라갔다
이제부터 나를 못 볼 거다
내가 하늘로 더 올라갔다
이제는 아무도 보이지 않았다

오직 구름과 푸른 하늘만 보인다

나도 당신이 그립습니다
2019

나는 당신이 무척 보고 싶습니다
또한 당신이 너무 그립습니다
당신이 내 곁에 있다가 없으니
마음이 텅 빈 것 같습니다

이 허공함을 무엇으로 채우려 해 보았지만
그다지 효과는 없었습니다

나도 마음 같아서는
당신에게 달려가고 싶습니다

사춘기
2021

사춘기인 나는 고슴도치다

나도 내가 왜 이러는지 모른다

그리운 당신
2021

남과 북이 나누어지고
당신과 나는 하나에서 둘로 나누어졌습니다
나는 우리가 떨어지게 된 날부터
당신을 다시 만날 날까지
하루, 이틀, 사흘을 세며
하루, 일주일, 한 달, 일 년을 기다립니다

나이가 지긋해질 정도로 세월이 지나니
기억 속에 있는 당신은 자꾸만 내게서
멀어져 갑니다

나에게 있어서 가장 슬픈 일은
사랑하는 이의 소식을 알 수 없는 것입니다

가장 가까이 있지만,
가장 멀리 있는 당신이
나는 애석하게만 느껴집니다

만약, 당신이 살아 계신다면
우리 여생은 착하게 살아서
천국에서 꼭 만납시다

                                                       DMZ 문학상 수상작

바람

2021

사람들에게 사랑한다는 말을
항상 해 주다 보면
언젠가 사람들도
나를 사랑해 주겠지

전, 후
2022

사랑할 땐
그에 대한 모든 것을 장점으로 보고
사랑하는 마음이 떠났을 땐
그에 대한 모든 것을 단점으로 보게 된다

욕심
2022

욕심이란 내가 가지고 있는 것을 보지 못하고
다른 것을 갈망하여 자신에게 원래 있었던
소중한 것들을 잃는 것이다

자기 비하와 부정적인 생각은 모두
욕심에서 비롯된다

나의 아름답고 소중한 원 모습을 알지 못하고
세상의 기준에 나를 맞추려 하면
자기 비하와 부정적인 생각을 하게 된다

욕심을 버려야 비로소 나 자신을 깨닫고
있는 그대로의 나 자신을 사랑할 수 있다

시간의 흔적
2024

속수무책하게 지나가는 시간들은
아쉬움만 남긴다

나는 나에게서 떠나가는 시간들을
떠나가지 못하도록 하름하름 잡아 보지만
야속한 시간들은 자신들의 할 일을 묵묵히
해내며 연기 사라지듯 사라진다

나는 연기 사라지듯 사라지는 시간들을
잡아 보려 허공에 손을 뻗고 주먹을 쥐었지만
편 손 안에는 시간들의 흔적들만 남겨질 뿐
시간은 이미 떠나고 없다

시간들의 흔적들은 무엇인가
나의 노력들인가
나의 후회들인가

끝내 시간의 흔적들은
내 손에서 나에게 흡수되어
나에게 깊은 여운을 남기고 교훈을 남긴다

시간은 나에게
나는 시간에게
서로 흔적을 남긴다

앞으로 나에게 남은 시간들은
앞으로 나에게 다가올 시간들은
나에게 어떤 흔적을 남길 것인가
나는 시간들에게 어떤 흔적들을 남길 것인가

20240817

   심장의 한 부분을 도려내어 땅속 깊은 곳에 묻어 둘 수 있으면 좋겠다. 그렇게 상처들은 모두 버리고 좋은 기억들만 심장에 품은 상태로 온전히 너를 사랑하고 싶다. 나의 상처가 우리의 관계를, 모든 것을 망치지 않기를 바라. 그렇기에 나는 심정을 도려내는 대신 많은 말들을 삼키고 또 삼킨다. 너는 알까. 내가 뇌로 수차례 너에게 말을 걸고 또 모든 것을 말했다는 것을.

20240914

  먼 훗날에 네가 하는 일에 대해 슬럼프가 찾아온다면 네가 이 일을 왜 시작했는지, 왜 이 일을 사랑하게 됐는지, 그리고 지금의 결과를 위해 네가 쏟은 노력들을 생각해 봐. 이것들을 생각해 봤음에도 감흥이 없다면 그땐 정말 그 일을 그만둬야 할 때가 온 거야. 난 너에게 그때가 오질 않았으면 좋겠다. 너는 모를 거야. 네가 얼마나 빛나는지. 네가 그 일을 할 때 얼마나 눈부시게 빛나는지. 그러니 늘 초심을 잃지 말고 그 일을 사랑하길 바랄게. 늘 감사한 마음으로 사는 것도 잊지 마.

20240919

  사랑할 수 있을 때 열심히 사랑하고 표현하세요. '그때 사랑한다고 말하지 말걸'보다 '그때 사랑한다고 말해 줄걸'이 더 마음이 아픕니다. 차라리 사랑했던 걸 후회하세요. 최선을 다한 사람에게는 후회가 옅지만 그렇지 못한 사람에게는 후회가 짙어요. 지나간 사람에게는 마음을 보내 줄 수 없기 때문이에요. 우리의 관계는 영원하지 않고, 언젠간 헤어져야 하는 사이이기 때문에 우리의 관계가 유지되고 있을 때 사랑한다고 말하세요.

20241013

엄마 아빠가 부모가 된 게 처음이라서
많은 게 어색한 걸 나도 알아. 근데 나도
자식이라는 위치가 처음이고 아직 인생의 반도
안 살아 본 어린 10대야. 그러다 보니 나도
어리숙하고 아직 모르는 것들 천지라서 이제
조금씩 인생과 세상을 배워 가는 중이야. 가끔은
어떻게 보면 이기적이지만 어른인 엄마 아빠가
나에게 0.1%라도 더 양보하고 이해하고 맞춰
줬으면 좋겠단 마음이 들었어. 그러다가도
서운하고 상처받은 내 마음을 전달했다가 나보다
더 엄마 아빠가 상처받거나 날 이해하지 못한
엄마 아빠를 본 내가 또 다시 상처받을까 봐
그냥 내 마음과 생각을 한편 구석에 고이 접어
놨어. 난 늘 이렇게 생각했었어. 우리 각자의
인생들은 살아오며 아무것도 없는 새하얀
캔버스에 무언가 하나씩 그려진 하나의 작품인
그림이고, 가족은 개인의 그림들이 모여 하나로

합쳐지고 서로에게 맞춰 가며 색감도 맞춰 보고 덧칠도 하고 또 지워 보면서 완성하는 조화로운 하나의 그림을 완성하는 거라고. 이 과정 없이 연관 없는 각자의 개성이 뚜렷한 그림들을 합쳐 놨을 때 어떻게 조화롭겠어? 그래서 나는 우리에게 이런 시간이 필요하다고 생각해. 아직 난 우리가 삐그덕거리는 그림처럼 느껴지거든. 어떻게 생각하면 삐그덕거리는 그림도 하나의 추상적인 작품으로 볼 수 있겠지만, 유명한 추상적인 그림들을 자세히 들여다보면 각자 전혀 상관없는 의미를 뜻하는 것 같은 그림들의 그 뜻들을 합쳐 보면 한 문장이 되고 같은 곳을 바라보며 하나로 묶여져 서로를 의미하고 있어. 가족은 때론 내 뜻과 다르지만 상대방이 바라보면 따라가 주고 지탱해 주며, 또 서로를 의미해. 이게 가족의 사랑이야.

20241028

　용서는 나 자신을 위해 해야 한대. 내가 용서받기 위해 남을 용서해야 한대. 근데 나는 나보다 너를 더 사랑해서 용서하는 거야. 네가 나한테 준 상처들이 아무리 커도 내가 너를 너무 사랑해서 너를 잃기 싫어서 너한테 기회를 다시 주는 거야. 그래서 나는 용서하는 과정에서 네가 왜 이렇게 행동했는지, 왜 그런 선택을 했는지 생각하며 널 이해해 보려고 노력하고 있어. 내가 너와 시간을 갖는 이유는 널 무시하려는 게 아니라 나로서 내가 너를 스스로 이해하려는 시간이야. 어차피 난 결국 또 널 용서할 거고 또다시 너를 사랑할 거야.

20241114

 깨달은 게 있다. 주변에 좋은 사람이 많길 바라면 나부터 좋은 사람이 되어야 한다는 말이 있다. 정말로 그렇다. 내가 먼저 사랑을 했더니 나에게 더 큰 사랑으로 보답하고 부정의 말보단 긍정의 말들을 했더니 내게 큰 힘 그리고 용기가 되어 돌아왔다. 내가 웃음과 친절, 진심으로 다가가면 그들은 나의 든든한 편이 되어 주었다. 모든 건 다 그렇다. 결국엔 나에게 돌아온다. 어떤 형식으로든, 어떤 크기로든.

성장

2024

커서 보니 백은
생각보다 그다지 큰 숫자가 아니고
커서 보니 세상은
생각한 것보다 훨씬 넓습니다

어렸을 때 손만 뻗으면 내 작은 손안에
온 우주가 담길 거라 생각했지만
우주는 너무나도 크고
어렸을 때 보던 엄마 아빠는 나에게
세상에서 가장 큰 사람이었지만
이젠 이젠 내가 지켜 줘야 하는
소중한 사람이 되었습니다

성장한다는 건 무엇일까요?
나는 성장한 걸까요?

나의 열아홉
2024

이제 다 큰 어른이 된 것만 같지만
또 한편으로는 여전히 다름없이
어린 나이인 것 같은

나의 마지막 십대인 열아홉을
수능 공부에 매진하며 사는 게
십대를 마무리할 푸르른 그림을
못 그리는 것만 같아 쓸쓸하다가도
한편으로는 이것 또한 다시는
돌아오지 않을 청춘이어라 싶다.

그리고는 진짜 어른이 될
많은 생각과
짧은 준비하는 시간들에
주춤,
미로 속 얽매여 있는 문제들을 마주한 다음
종이 한 장을 넘기고

숨을 깊게 들이마시다가
이제 막 걷기 시작한 어린아이와 같이
당당히
두려움 없이
앞으로 전진한다

어른 연습생
2024

나는 19살
지금은 12월
곧 어른이 된다

허나 나는 아직 미숙하다
감정처리
생각
그 외 많은 것들

때론 성숙하지 못한 나 자신에게
실망하기도 한다
성숙한 또래들에 비해
나는 아직 과거에 머물고 있는 거 같아,
불안하다

어른이 되는 것이 아니라
내 정신연령에 맞는 나이가 되고 싶은
마음도 든다

20240722

어린 나는 나의 스물을 수천 번 생각했다.
십대의 끝자락인 열아홉에 서 있는
나는 어른이 되는 것이 조금 두렵다.
하루하루가 너무 빨리 내게서 떠나간다.
조금만.
조금만 천천히 내게 다가와 줬으면 좋겠다.

스물.001
2025

얼떨결에 스물이 되었다
의심을 한다
내가 어른이라고?

원한 적이 없던 어른이 되었다
나는 아직 어른이 되기에
준비가 안 되어 있다

나는 내가 스무 살
1월 1일이 되면
초신성 폭발 같은
크고 번쩍이는 일이 일어날 줄 알았다

허나,
19살이었던 어제와 다를 게 없다

용서

2025

네가 아무리
못으로 나를 박아도
네가 아무리
송곳으로 내 심장에 구멍을 숭숭 내어도
네가 아무리
못된 말로 나를 괴롭게 하여도

나는 너를 영원히 용서할 거야
나는 너를 늘 사랑할 거야
내가 너를 용서하거나 사랑하지 못해도
적어도 나는 너를 아프게 하지 않을 거야

눈가리개
2025

왜 모든 것들은
내가
필요할 때
중요하다 생각할 때
안 보이는 걸까?

어쩌면 내게 중요하다 생각되는 것들이
그다지 중요한 것이 아닐지도 모른다

우리는
가짜 중요함에 속아
진짜 중요함을 잃고 사는 것이 아닐까?

무색무취
2025

우리의 일상 속 모습을 자세히 보면
표현과 감정이 일치하지 않다

우리는 기쁨을 어떻게 맞이하고 있는가
마음속에 기쁨의 꽃이
큰 파도를 일으켜 요동쳐도
얼굴의 표정은 잠잠하다
슬플 때는 어쩔 수 없이 눈물
한 자락이 떨어지고
결국 화만 남는 것인가

잔잔한 우물 속 물과 작은 돌멩이의
부딪힘의 표현은 화려하나
좋아한다.
사랑한다.
고맙다.
짧은 이 한마디의 말들이 어려운 이유는 무엇일까

향기도
색깔도
아무것도 없는 인간이어라

20250311

태양까지는 아니더라도
작은 모래알만큼은
빛나고 싶었어요
나와 작은 꽃과 같이
잔잔히 발을 맞출래요?
나의 애씀을 시든 꽃으로 만들지 말아요
너는 신의 사랑
참 서글픈 노래
안녕 나의 바다

후회
2025

한 번 더 안아 줄걸

한 번 더 사랑한다 말해 줄걸

내가 왜 그랬지

도전?
2025

첫 도전이라 많이 떨린다
두렵다
잘 못하면 어떡하지
많은 고민과 걱정들은
많은 생각들로 날 휘감는다

큰일이다
발이 안 떨어져
어떡해

그리운 발자국
2025

나를 향한 당신의 걱정으로 시작
당신을 향한 나의 걱정으로 끝

날씨는 안 추우신가요
그리웠던 이들은 다 만나셨나요
밥은 잘 드시고 계신가요

이야기가 시작되면
가장 먼저 보여 드리고 싶었어요

엉성한 꼬불꼬불한 말로 쓰여진
당신의 응원과 축하가 그립네요
괜히 당신이 남겨 놓은
발자국들을 열어 보곤 해요

당신의 발자국들은 참 따뜻했네요

시선,

2025

내가 당신과 같이 늙으면
어떨까 하고 생각해 봤어
당신의 시간은 잠그고
나의 시간은 풀어 놓고

내가 당신과 같은 시간을 거닐면 어떨까
당신의 시간을 걷고 있는 나의 시점은 어떨까
나도 당신과 같은 생각을 할까?
우리가 친구가 될 수 있을까?

나도 당신과 같이 늙고 싶어
각자의 시간을 보내는 게 아니라
같이 웃고
편지를 공유하고
같이 작별하고 싶어

항해 중

- 햇살

: 노란빛의 행복
그리고 용기

스마일

2020

우리의 모든 순간은
빛나고 있어요

그러니 얼굴 펴고
웃으며 살아요

토미는 일주일을
잃어버렸어요
2022

    오늘은 일요일이에요. 토미는 아침부터 달력을 보고 있어요. 토미는 깜짝 놀랐어요. 왜냐하면 엊그제가 월요일이었는데 오늘이 벌써 일요일이기 때문이에요. 토미는 일주일을 도둑맞은 줄 알았어요. 그래서 토미는 잃어버린 일주일을 찾아 나섰어요. 먼저 침대 밑을 찾아보았지만 일주일은 없었어요. 다음으로 토미는 장난감 상자를 찾아보았지만 장난감 상자에도 일주일은 없었어요. 토미는 밖으로 나가서 일주일을 찾기로 결심했어요. 가장 먼저 풀숲에서 찾기 시작했어요. 하지만 풀숲에는 토미의 일주일은 없었어요. 토미는 자동차 아래도 찾아보았고 아이스크림 가게, 문구점에서도 찾아보았어요. 하지만 아이스크림 가게에도, 문구점에도 일주일은 없었어요.

    그렇게 찾다 보니 벌써 밤이 되었어요.

    토미는 일주일을 못 찾아 시무룩한 상태로 터벅터벅 집으로 갔어요. 시무룩한 토미를 본 토미의 할머니께서 토미에게 무슨 일이 있냐고 물으셨어요. 그래서 토미는 일주일이 너무 빨리 지나가 도둑맞은 거 같아 찾으러 다녔는데 못

찾았다고 이야기를 드렸어요.

그러자 할머니는 토미에게 일주일이 빨리 지나간 이유를 이야기해 주셨어요.

"토미야 일주일이 빨리 지나간 이유는 네가 일주일을 행복하고 열심히 살아서 빨리 지나간 것처럼 느낀 거란다."

이제 토미는 일주일을 도둑맞은 게 아니라는 것을 알게 되었어요. 그리곤 토미는 피곤해 잠이 들었답니다.

아빠는 맑음
2022

 오늘은 아빠께서 밤 늦게까지 일을 하시고 집에 오셨어요. 토미는 아빠께서 집에 오셔서 신나 동화책 한 권을 들고 아빠께 달려갔어요. 그러다 토미는 의자에 앉아 한숨을 쉬시는 아빠를 보게 되었어요. 토미는 아빠께서 좋아하시는 엄마표 쿠키를 가지고 아빠께 갔어요. 그리고 토미는 아빠께 말씀드렸어요.
 "아빠! 항상 맑지 않아도 돼요!"
 아빠는 토미의 말이 이해가 안 돼서 토미에게 다시 물으셨어요.
 "토미야 그게 무슨 뜻이니?"
 그러자 토미가 대답했어요.
 "날씨가 항상 맑을 수 없잖아요. 때로는 비가 오고, 눈이 내리고 구름이 많아요. 그리고 이건 자연스러운 것이에요. 그리고 사람도 그래요. 대신 사람에게는 날씨 말고 감정이란 게 있어요. 우리도 울고 웃고 하는 게 당연한 일이에요! 그니까 때로는 무너져도 돼요. 왜냐면 사람은 무너진 것을 다시 쌓으면서 성장해요. 그러니까 아빠, 힘들면 가족한테 기대도 돼요! 우리가 아빠의 쉼터가 되어 줄게요."라고 토미는 말했어요.

 아빠는 토미에게 감동했답니다.

20240828

   네가 행복할 때 나오는 웃음이 따사로운 봄날의 햇살처럼 얼마나 따뜻한지, 태양을 이길 정도로 얼마나 밝은지 너는 알까. 그렇기에 나는 네가 행복하기만을 바라고 슬픔과 화가 난다는 감정 따위를 모르길 바라. 내가 너의 불행들을 짊어지고 갈 테니 너는 행복해야 해. 그래서 나의 불행의 어둠을 너의 웃음으로 밝혀 줘. 나의 행복은 널 웃게 하는 거야. 나의 행운을 모두 너에게 줄 테니 너의 불행을 내가 다 가져갈게.

20241011

 가장 고요하고 아무도 응원하지 않는 곳에서 가장 요란하게, 가장 열심히 응원하고 있을게. 너는 몰라도 나는 항상 네 뒤편에서 늘 응원하고 함께하고 있을 거야.
 그러니 주눅 들지 마. 어딘가에는 늘 네 편이 있단 걸 잊지 마.

20241101

너는 우주만큼 사랑을 많이 받고 자란 거 같아. 너의 눈빛, 행동, 말투 그리고 표정을 보면 지금까지 네가 받아 왔던 사랑이 다정으로 묻어 나오는 게 보여. 난 그런 너의 모습이 참 좋아. 마치 5월의 햇살 같거든. 너를 보면 나도 너와 같이 사랑으로 가득 찬 것처럼 느껴져. 그리고 나의 어둠이 너의 환한 빛에 가려지기에 나의 눈은 늘 너를 따라가고 나는 또 너를 보며 나도 모르게 웃고 있어. 너는 나에게 사랑이야.

고요한 편지

2024

유난히 고요한 오늘 밤
태양은 달을 밀어내고 아침이 와
슬픔은 잠시 넣어 두고
햇살 한 조각을 꺼내자
약속할게
수만 번의 계절이 바뀌어도
나는 바뀌지 않기로
밤이 되면
별들과 노래를 부르자
우리의 행복을

오늘도 나는
너의 겨울 속 남은 발자국을 따라
따스한 온기가 되어
외롭지 않도록 할게
모든 행운은 자석처럼
너를 따라가

결국 넌 나의 행운이 될 거고
나의 행운이 되었어
밤이 되면
별들과 노래를 부르자
우리의 행복을

어둔 밤을 모험할 때는
나는 반딧불이가 되어
벗이 될게
네 손 꼭 잡아 놓지 않을 테니
불안해하지 마

겨울 그리고
2024

잘하고 싶었던 마음이 컸을 뿐인데
한숨만 늘어 가
나의 겨울은 하염없이 길어지고
봄은 희미해져 가
눈꽃이 흩날린다
숨을 깊게 들이마시자
눈꽃 사이사이에 생각들을 가둬 두자
나에게 오지 않을 봄을
하염없이 기다린다

사랑해
이 말 한마디
겨울을 녹여 생명을 불러오네

괜찮아
이 말 한마디
계절에 생기를 불어오네

긴 겨울이 지나 나를 만나면
꽃을 피워 봄이 되어 너를 만나면
어떤 표정을 지을까
어떤 말을 할까

깊은 꿈을 건너
너의 힘이 될게

우리 같이 이 미로를 탈출하자
우리 손잡고 두려움을 이겨 내자
멀지 않은 우리의 별에 다가가자

인생이란 여정 속에서
네 손 잡을게
절대 놓지 않을게

조금 느려도 괜찮아

사랑해
괜찮아
울지 말아 봐
분명 우리의 결말은 행복일 거야

청춘이어라
2025

후회의 눈물은
내일의 나에게 맡길게
엄마가 준 돛단배를 타고
큰 파도가 있는 바다를 건너
항해 중 아프면 뭐 어때
주저앉지만 않으면 되잖아
앉게 되면 툭툭 털고 일어나면 돼
앞으로의 시간 중 오늘이 제일 젊기에
멈추지 마
두려워하지 마
숨을 크게 마셔
가시였던 것들은 날개로 삼고
맑은 내 청춘을 향해

날아
날개를 활짝 펴고 날아가고 싶어
높고 높은 하늘을 향해

저 푸른 하늘에서
청춘이어라 노래할래

구름을 휘갈겨 날아
뒤는 돌아보지 말고
후회하기엔
아직 젊잖아
날아
저 높은 곳을 향해
느려도 좋으니
온 힘을 다해 날아

오늘의 용기는
내일로 미루지 않을래
아빠가 준 물음표 그리고 마침표로
두려운 폭풍을 이겨 내어
하늘을 향해 날아
후회하면 뭐 어때
먼 시간 끝에 돌아보면
눈이 부실 거라 난 확신해
이 또한 청춘이었기에

언제까지 머뭇거릴 수는 없잖아
나는 당장 날개를 펼쳐
저기 빛나는 내 꿈을 향해 갈래
푸르른 꿈을 향해

날아
날개를 활짝 펴고 날아가고 싶어
내 꿈이 있는 우주를 향해
저 빛나는 별들 사이에서
청춘이어라 노래할래

구름을 휘갈겨 날아
뒤는 돌아보지 말고
후회하기엔
너무 찬란하잖아

날아
저 높은 곳을 향해
느려도 좋으니
온 힘을 다해 날아

내 청춘은 빛나는 별들 사이에 있기에
망설일 시간은 없어
찬란히 빛나는 꿈을 향해
날아
뭐 후회되면 어때
젊었잖아
어렸잖아
그때도 나였기에
그냥 앞만 보고 날아

20250311

내 모든 걸 줄 테니
나에게 한 다발의 향기가 되어 줘요.
한 자락의 낭만을 만들자.

도전!
2025

바라보기만 하면
그곳에 무엇이 있을지 모르잖아
모든 길은 가 봐야 알아
실수하면 뭐 어때

20250331

행복하다. 모든 일을 겪을 수 있어서.
생각하고 고민하고.
웃다가 눈물 한 방울 흘려보내고.
때론 슬퍼서 눈물을 흘려보내 보고.
무엇보다 나를 경험할 수 있어서
너무 행복하다.

클로버

2025

나는 행복을 너에게 줄 거고
잎 한 장을 더해 너의 행운이 될 거야

설렘

2025

설렌다는 감정
참 소중한 감정이다

좋아한다
긴장된다
마음이 간질거린다
기쁜 망설임
긍정의 빠른 심박수
그리고 약간의 두려움
많은 감정들이 모여 설레는 감정을 만든다

첫 시작 혹은 진심이 담긴 무언가를 할 때야
느낄 수 있는 소중한 감정

나는 설레는 이 느낌이 너무 좋다

소원

2025

검은 밤하늘에 유성이 떨어졌어
반짝하고
두 손 모아 소원을 빌었어
영원히 너랑 행복하게 해달라고
저 반짝이는 유성이 내 소원을 들어줄까?
반짝이는 것들은 소원을 이루어 주는 걸까?
내 눈엔 네가 가장 빛나니
너에게 내 소원을 빌게
나랑 영원히 행복하지 않을래?

너에게 소원을 빌었어
유성에게 소원을 말하는 것보다
너에게 말하는 게
더 확실할 거 같아서
영원히 빛나는 너는
사람이 아닌 거 같아
내 손 말고

너의 손을 잡고 말할 거야
너를 영원히 사랑하고 싶어

내 소원은 지금
지금
이루어진 거 같아
너의 눈은 빛나고
웃고 있잖아
달빛은 우리를 주인공으로 만들어
너는 밤하늘에 있는
모든 것보다 빛나

너에게 소원을 빌었어
유성에게 소원을 말하는 것보다
너에게 말하는 게
더 확실할 거 같아서
영원히 빛나는 너는
사람이 아닌 거 같아
내 손 말고
너의 손을 잡고 말할 거야
너를 영원히 사랑하고 싶어

내가 너의 별을
더 빛나게 해 줄게
손잡고 밤하늘을 넘어
우주에서 가장 빛나게 해 줄게

노란 아이
2025

노랑을 닮은 너는
햇살을 담은 해바라기
또는 한 송이의 민들레
바람 타고 멀리 HOO- HOO-
날아가서 요란하게 개화하길 바랄게

너의 담백한 응원에
나의 미소가 안녕 삐쭉 손 흔들어
순수를 말하는 너의 눈
너는 노란빛 아이
너의 의미를 따라 모두 이루길 바랄게

다음 여정

: 노래 부르며 즐거운 마음으로
다음 여정을 계획하자

너의 노래
2024

네가 가볍게 내뱉는 소리들을 들을 때마다
나는 눈을 살포시 감고
소리로 그리는 너의 그림을
나의 모든 감각으로 느낀다

하나의 소리로
너의 인생을
너의 사랑을
너의 희로애락을 느낀다

너의 소리의 실은
가느다랗거나 굵고
때로는 찬란히 빛나며
투명한 바람이 되어
안개를 불러오거나 비를 데려온다

그렇게 나는 너를 이해하고

너에게 서서히
점차
흡수된다

20240827

세계가 가장 조용할 시간에 들리는
너의 노랫소리
달빛에 비춰야 보이는 너의 목소리
잔잔한 너의 목소리가 나의 마음을 울려
여름밤 풀벌레 소리와 목소리를 맞추는 너는
세상에 다른 잔잔함을 주네
너의 목소리를 들을 때면
믿지도 않은 사랑을 믿어 보게 돼
그냥
그냥

19. 20

2024

Hey wake up!
You can know that the truth
The truth is Neverland doesn't exist
can't believe what I said?
you should check your map
어른들은 liar
거짓말은 안 돼 꼬맹이
시간은 TikTok
난 그냥 틱틱거리는 애송이
매일 밤 침대에 누워 하는 혼잣말
'아 추억이나 좀 만들걸'
꿈의 나이 twenty
나는 그냥 silly
Why 어른이 되어야 하는지

Are you ready for 20
음 아직 잘 모르겠어

나에겐 어려운 twenty
아직 못 버린 어린 티
고민이 많은 nineteen
괜찮다고 말해 줘요 please

Dad say
어른이 되는 건 별거 아냐
겁먹지 마 baby hero였던 꼬맹아
인생은 하나의 영화
행복하면 그때가 청춘
이라는데 어른이 되는 건
별거 아닌 게 아닌 hard game
내가 느끼기엔 10살이 yesterday
그냥 난 철부지
언제 내가 19와 20사이 (.)이 됐나요 아버지
I just need a neverland
전화 걸면 받아 줘 Peter Pan

Are you ready for 20
음 아직 잘 모르겠어
나에겐 어려운 twenty

아직 못 버린 어린 티
고민이 많은 nineteen
괜찮다고 말해 줘요 please

모두 다 easy라고 하는 이십
수학의 수식이 아니라
어른이 되는 공식이 필요해

Are you ready for 20
음 아직도 잘 모르겠어
나만 어려운 twenty
아직도 못 버린 어린 티
고민이 많은 nineteen
괜찮다고 말해 줘요 please
사실 별게 아닐지도
그냥 내가 겁쟁이
Ay 어쩌면 거북이

Baby hero
2024

침대 밑 monster
밤마다 물리침
겁도 없는 4살
세상의 hero를 꿈꾼
아지트는 이불 오두막
장난감 is my friends
우리만의 언어로 talk
동화 속 hero들의 멋진 suit
But my suit is pajamas
Mama & dada가 잠에 들면
Friend 포포와 함께
fight the monster
Good night mama & dada

I'm a hero hero hero hero
I'm a babe hero
침대 밑 monster를 무찌르는

I'm a baby hero
겁도 없는
I'm a baby hero

내가 baby hero인 건 secret
침대는 my planet
blanket is my plane 또는 boat
every morning I check my hamlet*
위풍당당한 baby hero의 발걸음
Mr. 티노 좋은 꿈 꿨나요
Hey friends 오늘 밤도 지켜 줄게
Mama & dada가 잠에 들면
Just baby에서 hero baby로
오늘 밤도 blanket 타고--(shoo)
Good night mama & dada

I'm a hero hero hero hero
I'm a babe hero
침대 밑 monster를 무찌르는
I'm a baby hero
겁도 없는

I'm a baby hero

Baby hero takes a nap
오늘은 조금 힘들었어요
잘 자 baby hero

* hamlet: 아주 작은 마을

*

있잖아
너에게만 말해 주는 건데
이거 진짜! 비밀이야!
나는 사실…
밤마다 괴물과 싸우는 히어로야!
괴물들을 무찔러서 엄마 아빠와
내 마을을 지키는 게
내가 해야 할 일이야
포포는 곰이고 내 단짝이야
난 매일 밤 담요로 배 아니면
비행기를 만들어서
바다를 건너거나 달나라에 가
진~~~~짜 큰 문어나 외계인이 와도
난 한 개도 안 무서워
왜냐면 난 멋진 4살이거든!
오늘도 내가 지켜 줄게
잘 자

스토리

　외계인은 지구의 한 인간을 발견 후 사랑에 빠졌다. 그리고 인간의 언어를 습득하지만 외계인들은 목소리 없이 텔레파시로만 대화해서 언어 구사, 목소리 모든 게 어색하다. 외계인들은 누군가를 좋아하면 심장이 빛나기에 굳이 언어적으로든 어느 방법으로든 애써서 표현을 안 하기에 외계인에게는 인간의 사랑 표현이 어렵고 서툴다. 그래서 때론 강압적이기도 하고 미미하다. 오랜 시간 망원경으로 계속 인간을 지켜보다가 심장이 너무 반짝거려 도저히 제어가 안 돼 은하에서 은하로 가는 성공할지도 실패할지도 모르는 위험한 도전을 한다. 외계인은 지구인이 겁먹을까 봐 그 인간의 이상형으로 변하고 외계인의 능력인 심장을 어딘가 숨겨 놓고 인간이 되었다. 근데 인간이 자신을 무서워할까 외계인이라는 것을 숨겼다.

　그렇게 좋아하는 인간을 만나고 인간은 외계인의 비밀을 말해 달라지만 외계인은 자신의 비밀인 자신이 외계인이라는 것에 상대가 겁먹을까 말을 안 했다. 하지만 결국
　외계인은 인간을 너무 사랑해서 외계인은 사랑하는 인간

에게 결국 자신이 외계인이란 걸 말했다. 그리고 인간은 외계인을 배신했다. 사실 외계인은 인간이 자신을 배신할 걸 알았고 자신이 어떻게 될지도 이미 알고 있었다. 하지만 인간을 너무 사랑해서 용서하고 그의 뜻을 따라가기로 했다.

외계인's love

2024

먼 은하에서 너를 find out
내 머릿속 ほし(별) so shiny
made up my mind
지구의 언어를 습득하기로
4 and 🌼
이게 맞는지
아직 지구의 언어는
むずかしすぎる: 너무 어려워
너는 내 신기루
우리와는 다른 대화 방식
I want to say
너를 사랑해
할 수 있는 표현이 한정적
목소리도 아직 어색
I'm so sad
あなたをみると: 너만 보면
しんぞうが きらめく: 심장이 반짝거려

You make me feel so dizzy
나도 내가 왜 이러는지
I don't know

すべてがぎこちないです : 모든 게 어색하지만
너를 가져야겠어 right now right now
난 네가 필요해
きみのそばをうろつく : 네 곁을 맴돌아
어서 내게 반해 hurry up hurry up
얼른 말해 내가 좋다고

망원경으로 너를 보는 my heart
So seriously shiny
위험을 뚫고 너에게로
지금 내 모습 보고 afraid 할까
변신 너의 ideal type
I'll try to rizz up
목소리도 이젠 like a human
심장이 little ドキドキ
너도 지금 내가 보이니
Please こわがるな : 겁먹지 마

Hey can you tell me your secret

If you love me

네가 말했지

유일한 비밀은 わたしが alien

언젠가 알려 줄 테니 don't disillusioned

わたしからはなれないで: 날 떠나지 마

Please don't go away

Don't go away

すべてがぎこちないです: 모든 게 어색하지만

너를 가져야겠어 right now right now

난 네가 필요해

きみのそばをうろつく: 네 곁을 맴돌아

어서 내게 반해 hurry up hurry up

얼른 말해 내가 좋다고

わたしのひみつしっても: 나의 비밀을 알아도

너는 믿지 못할 걸 I know I know

But I don't care

난 네가 필요해

Ho bisogno di te: 난 네가 필요해

난 네가 필요해
I need you

난 네가 필요해

Cherry face

2024

알레르기가 생겼어 oh my gosh
가까이 오지 마 너
너만 보면 심장이 이상해
멈춰(엣취)
더 이상 다가오지 마
고장 났어 큰일이야
머릿속이 요란해
How to explain it?
몸이 찌르릇
심장은 간질간질
이게 뭐야
안 그래도 바본데 너를 보고
더 바보 됐어요
Hey Doctor 나 왜 이런지 말해 줘요
혹시 나 불치병에 걸렸나요
Omg I need some medicine

Hey doctor doctor
나 좀 도와줘요
Did the flowers bloom in my heart?
이게 뭐야 엉망진창
너만 보면 이상해져

나는 짝사랑 알레르기

망원경의 초점은 only you
웃는 널 보면
내 심장 펑
Stop flirting
어떤 주문을 걸었는지
내 세상은 온통 너
What's happen?
너만 보면 my face like a cherry
너 저리 가
아냐 가까이 와
Hey doctor 무슨 병인지 설명해 줘요
혹시 고칠 수는 있나요
Omg I need some medicine

Hey doctor doctor
나 좀 도와줘요
Did the flowers bloom in my heart?
이게 뭐야 엉망진창
너만 보면 이상해져

나는 짝사랑 알레르기

너만 고칠 수 있는
짝사랑 알레르기
한겨울에 내 마음은 봄
Hey doctor 걔만 보면 고장나요
마치 로봇이 된 것만 같아
Omg너만 보면 cherry face
펑 하고 터지겠어

Hey doctor doctor
나 좀 도와줘요
Did the flowers bloom in my heart?
이게 뭐야 엉망진창
너만 보면 이상해져
나는 짝사랑 알레르기

고백일기
2025

고민고민하다가 펜을 들어
너에게 보낼 말들을 그려
넌 태양
난 지구 속 작은 인간
마치 너만의 sunflower
눈이 타들어 가 I need a sunglasses
알람 소리가 왜 이리 아름다운지
네가 뭘 좋아할지 몰라 a to the z
모두 준비했지
Baby baby 우린 천생연분
매일 매일 let's go see the stars
밤하늘에 우리의 별자리를 그려
둘셋 하고 하나 하면
나 좀 봐 줘
너만 빼고 다 알지
보낸 하트
뒤에 툴툴거리는 내 말투

I'm sorry but 답답해서 그래

둘셋 하고 하나 하면
이어폰 나눠 꽂아
Let's walk in the park
답답해서 심장만 박박
이 정도면 걍 알아 줬음 해

매일매일 고민고민하다
새웠지 밤을
다크서클은 Deeper
컨실러만 몇 통째인지
데이트 일주일 전부터 바쁜 건 you know
A to the z
준비할 게 넘 많지
I know your taste
3초 뒤에
반해 어서 내게
You will like me 난 확신해
어젯밤에 I saw your eyes
더 이상 고민 말고 come in

수많은 반짝이는 별들 사이
너만 보여

둘셋 하고 하나 하면
나 좀 봐 줘
너만 빼고 다 아는 건 you know
그냥 웃음만 나와
둘셋 하고 하나 하면
이어폰 나눠 꽂아
Let's walk in the park
답답해서 잡았지 네 손을 꽉

텔레파시를 보냈지 찌릿하고
전송 오류지 넌 갸우뚱 웃기만 해
그냥 내가 먼저 말할래
그러니까
너를 좋아해

둘셋 하고 하나 하면
고백을 받아 줘
내가 널 많이 좋아해

얼마나 애썼는지 넌 모르지
네가 말한 우연도 모두 내 계획
둘셋 하고 하나 하면
이어폰 나눠 꽂아
둘셋 하고 하나 하면
You should love me

sweetie
2025

I baked sweet things for you
Sugar cake cherry chocolate pie
You will like it
맛보고 싶지 정말로
smell like 달콤한 여름 바람
If I give you my anything
You should just take it
taste of tongue numbness
거부할 수 없어

사실 이건
아무 의미 없는
그냥 말 걸고 싶은 마음
Focus on me
Don't look away
Just I want to say
I like you

Don't go away
I can be Romeo or Juliet
Under the starlight
Let's dance like Peter Pan and Wendy

You will want another taste
Until you finish eating
어디 못 가
이건 아냐 집착
단맛이 뭔지 알게 해 줄게
I baked sugar cake cherry chocolate pie
Your tongue will be twinkle
달콤한
저릿한
Taste like fantasy
Let's go 환상적인 세계로
Too much sugar in it
설탕이 아삭
도망치긴 아직은 일러

사실 이건

아무 의미 없는

그냥 말 걸고 싶은 마음

Focus on me

Don't look away

Just I want to say

I like you

Don't go away

I can be Romeo or Juliet

Under the starlight

Let's dance like Peter Pan and Wendy

Summer cake

Strawberry cheese cookies

Star muffins

Fly like a butterfly

what you want

뭘 좋아할지 몰라 다 준비했지

Love is so sweet

*

넌 내게 사랑은 쓰고 힘들다고 했고
사랑은 무엇일까 하고 질문을 했어
그에 대한 나의 답변은
사랑은 달콤한 무언가야
물론 사랑이 쓰고 힘들 때도 있지
근데 쓰고 힘든 일을 이겨 내는 건
사랑이다?
너에 대한 나의 사랑은
어느 디저트보다 달고
매일매일 커지고 있어
만약 사랑의 마음이 눈에 보인다면
나의 사랑은 지구를 덮고
지구를 넘어 우주를 덮을 거야
네가 싫어하긴 어려울 거야
분명 좋아할 거야
난 확신해
사랑에 대해 불신이 생기면

내게 와
너의 불신을 확신으로 바꿔 줄게

외계인'x love

2024

Was our love light

Or was it a lie

did you love me right?

You betrayed me

넌 왜 모르는 척하는지

표현하지 않아도

네 눈만 봐도 아는 걸

If it wasn't for that night

우린 여전했을 텐데

I'll keep the memories in my pocket

they will get rid of me

I didn't do anything

Just gave you my everything

그냥 너에게 날 줬을 뿐

후회하지 않아 난

Is it a sin that I'm an alien

너는 내가 만든 운명이었고

이젠 I'll leave myself to you

Was our love light
Or was it a lie
baby did you love me too?
shed a little tears at night
그냥 모르는 척 지나가
Cuz l loved you more
Was our love light
Or was it a lie
눈물 나지만
너에게 날

20241228

This is a sign that we love.
You should never lose it
This means I love you.
You should know
don't leave me alone
You know I'm lonely a lot
Why are you threw me into the maze?
My compass towards you is broken
I believe you will come to me again
(I miss you a lot)

.

.

.

(I loved you so much)
(more than love myself)
(I'll end this story)
(It's too late to regret it)

(I'm nowhere already)
(Cuz I'm…)

.

.

.

Bye the story was done

*

이건 우리가 사랑했다는 증표야
절대.
절대 잃어버리면 안 돼
날 혼자 두지 말아 줘
너도 알잖아
내가 외로움을 많이 타는 걸
왜 날 미로 속에 던지고 떠난 거야?
너를 향한 내 나침반은 고장 나서
난 길을 잃고 헤매고 있어
다시 내게 와 줄 거지?

Letter to you

2024

Hi

My sunshine

My first love

I love you so much so I decided to go to you

So many pain when I go to see you

But I'm happy. The most in my life

Never regret you. Never

You're my one and only

I'll never make you lonely

I'll be your luck

Even if you betray me

그래도

사랑해

여전히

-END-

*

안녕 나의 첫 햇살아
나는 널 너무 사랑해서
너에게 가기로 했어
너에게 닿기까지 많은 고통이 있었지만
넌 내게 가장 큰 행복이기에
하나도 힘들지 않아
너는 앞으로도 늘 여전히
나의 첫 햇살이야
아무리 네가 나를 배신해도
난 여전해

My life

2024

Don't look at my eyes
I can know everything about you
Don't look at my eyes
You'll definitely fall in love of me
자신 있으면 come in

heroine of the gossip you heard it is me
My Life is a movie
if i were there, that's Hollywood
I was born with it
just my charms

3초만 보면
Everybody loves me
Hahaha

Don't look at my eyes

I can know everything about you
Don't look at my eyes
You'll definitely fall in love of me
자신 있으면 come in

Everything sparkles
Always walk on the clouds
When I smile, everyone smiles
girls' dream
that's me
I was born with it
3초만 보면
Everybody love me
Hahaha
Don't look at my eyes
I can know everything about you
Don't look at my eyes
You'll definitely fall in love of me
자신 있으면 come in
That's my life
I'm loved by everyone

That's my life

I don't know how to hate

Love flows in my body

instead of blood

Don't shed tears

Not only me but also you

Look up and walk proudly

This is the life of pretty

It's our life

Hahaha

*

나는 너무 빛나는 사람이야
이건 내가 노력해서 된 게 아니라
그냥 타고난 거야
모두가 날 사랑하고,
난 그걸 알고 있어
내 혈관엔 피 대신 사랑이 흐르고 있어
난 누굴 싫어하는 법을 몰라
왜냐고?
난 사랑만 알거든
내가 부럽다고?
근데 이건 내 인생이지만
너의 인생이기도 해

HAHA
2024

흔들리는 동공
결국 두 귀를 막고
What did you say?
솔직함은 뒤로
씩씩하게 무례한 태도
궁금한 게 많은
아직 어린아이
모르는 게 많은
아직 어린아이
널 보는 난
그냥 아이러니
Hey hi
할 말은 이하 생략
Hi guys how you doing?
Move like robots 위잉
Or 파리떼처럼 윙윙
I don't care about it

넌 결국 후회하겠지
I don't give up whatever you say
Huh
Hold up ho hold on hold up
It's so loud loud up loud on
You're watching my drama
Haha 난 배꼽 잡고 웃어 씨익
Hold up ho hold on hold up
It's so loud loud up loud on
넌 그냥 swallow swallow swallow
You're so rude you know I know
Haha

후회하고 돌아서고
자책하고 돌아서고
우왕좌왕
길을 잃은
이런저런
줏대 없는
아직 어리숙한
Hi guys how you doing?

Move like robots 위잉
Or 파리떼처럼 윙윙
I don't care about it
넌 결국 후회하겠지
I don't give up whatever you say
Huh

Hold up ho hold on hold up
It's so loud loud up loud on
You're watching my drama
Haha 난 배꼽 잡고 웃어 씨익
Hold up ho hold on hold up
It's so loud loud up loud on
넌 그냥 swallow swallow swallow
You're so rude you know I know
Haha
What?
Hold up ho hold on hold up
It's so loud loud up loud on
jumping rude rope
보이는 게 다가 아닌

Hold up ho hold on hold up
It's so loud loud up loud on

Haha
yeah you're right
I was so dumb
Haha

지금까지의 노래는
인간의 노래가 아닌
신의 노래

준비 완료

안녕! 오랜만이네. 못 본 사이에 정말 많이 컸구나.

19년 만에 연락하니 어떤 말부터 해야 할지 모르겠지만 드디어 너에게 연락을 할 수 있어서 너무 설레네. 너에게 해 주고 싶었던 말들이 얼마나 많았는지 몰라. 너무 오랜만이라서 우리의 추억들을 다 잊은 건 아니지? 우리의 여름은 유독 시원했고 우리의 겨울은 유독 따뜻했잖아. 근데 참 재밌지 않아? 그 계절들을 느끼고 있을 때는 빨리 지나갔으면 좋겠고, 너무 덥고 추워서 싫었는데 막상 지나고 보면 그립고 또 좋았던 기억만 가득하잖아. 모든 건 다 그래. 힘든 일들도 결국엔 지나가고 그 일들은 다 너의 밑거름이 되어 너를 더욱 빛나게 할 거야. 그리고 먼 훗날 그날을 기억하면 '그땐 그랬었지~' 하며 옅은 웃음이라도 지을 수 있는 하나의 추억이 될 거야. 난 항상 너에게 행복한 일만 일어나게, 아무도 널 괴롭히지 않게 늘 기도하고 있어. 가장 고요하고 아무도 응원하지 않는 곳에서 가장 요란하고 가장 열심히 응원하고 있을게. 비록 몸은 멀리 있지만 마음은 항상 너의 곁 가장 가까이 있을 테니 외로워하지 마. 혹시 나에게 얘기하고 싶은 고민이 있으면 일기장에 슬쩍 적어 놔. 그러면 네가 잠든 사이에 내가 행복을 전해 주는 천사를 보낼게.

　마지막으로 어떤 일이 있더라도 너와 너의 꿈 모두 포기하지 않았으면 해. 너와 너의 꿈은 정말 값진 보물이거든. 너란 사람은 대체할 수 없는 하나뿐인 정말 소중한 사람이야. 나는 너처럼 마음이 따뜻하고 반짝 눈이 부시게 빛나는 사람을 처음 봤어. 그리고 너의 꿈이 간절하면 언제나 어느 상황에서도 꼭 이루어질 거야. 부디 겁먹고 웅크리지 않길 바랄게. 남들이 모두 안 될 거라고 말할 때 나는 너에게 된다고 확신을 말할 테니, 불안하고 확신이 안 생길 때 나에게로 와. 왜냐면 난 네가 얼마나 많은 노력 했는지, 얼마나 간절한지 다 알고 있거든. 그래서 난 확신할 수 있어. 때론 노력이 무시를 해도 무너지지 말고 조급해하지 마. 그건 노력이 부족한 게 아니라 아직 너의 때가 오지 않은 거야. 왜냐면 사람마다 시작의 때, 성공의 때가 다 다르거든. 그 시간들이 시리고 외로우면 내가 너의 온기가 되어 주고 힘이 되어 줄게.

　언제 다시 편지를 쓸 수 있을지 모르겠지만 내가 다시 돌아올 때까지, 그리고 돌아온 후에도 행복하고 건강해야 해. 지금과 다른 모습으로 다시 널 찾아와도 놀라지 않길 바랄게.

너에 대한 나의 사랑은 늘 변함없이 빛나고 있을 거야. 긴 고민과 망설임은 너를 주저하게 만들 테니 마음이 너에게 도착했을 때 고민하지 말고 망설이지 말고 발을 내디뎠으면 좋겠어. 그렇게 한 발 한 발 너의 꿈에 도착하길 바랄게.

오늘 밤 깊은 단잠에 빠지길 바라고 무거운 고민들과 생각들은 꿈속에 고이 두고 가.

2024. 10. 19.
19살의 이예가

엄마가 준 돛단배를
타고 바다로 가다

ⓒ 이예가, 2025

초판 1쇄 발행 2025년 7월 15일

지은이　　이예가
펴낸이　　최종렬
펴낸곳　　도서출판 나선민
주소　　　서울 양천구 남부순환로 70길 17, 201호
전화　　　02)2632-9618
이메일　　hjc9787@naver.com
홈페이지　http://nsmbooks.onmam.com

ISBN　979-11-92586-18-2 (03810)

- 가격은 뒤표지에 있습니다.
- 이 책은 저작권법에 의하여 보호를 받는 저작물이므로 무단 전재와 복제를 금합니다.
- 파본은 구입하신 서점에서 교환해 드립니다.